# 마음의 풍경

이정자의 서정시

# 마음의 풍경

이정자 지음

새미

# 시집을 내면서

8번째 시집을 상재한다. 자유시집으로서는 3번째이다. 시조를 주로 쓰기 때문이다. 시조의 형식으로는 담기 어려운 마음의 풍경이 있다. 이를 땐 형식에서 어느 정도 자유로운 자유시를 택하여 마음을 풀어 놓는다. 이렇게 쓰게 된 작품이 모이고 모이니 컴퓨터에 내장된 파일 속에서 세상을 그리며 햇살을 보고파 한다. 그래서 곱게 단장시켜 날개를 달아 세상으로 내 보낸다.

시는 내 생활의 일부분이다. 책을 읽다가, 여행을 하다가, 음악을 감상하다가, 자연을 감상하다가, TV를 보다가, 이런 저런 사람과 접하다가 시상이 떠오르면 메모를 해둔다. 하루를 마무리하면서 또는 수시로 시상을 정리하면서 한 편 한 편의 시를 만든다(짓는다). 집안에 걸릴 사람 아무도 없고, 두 내외만 사니 각자 자기 방에서 자기 일을 하다보니 자연적으로 책상 앞에 앉을 수밖에 없고, 책과 친해지고, 컴퓨터를 켜 놓고 음악을 들으면서 내 일을 하게 된다. 물론 아이들이 오는 날엔 우리 내외의 일상은 완전히 중지되지만 … 그래도 그런 시간이 있어 좋다.

누구나 마음의 풍경이 있다. 우리의 겉모습이 다르듯이 우리의 마음 또한 다르다. 그래서 같은대상을 두고도 생각하고 느끼고 묘사하여 표출하는 것은 다양하다. 그러면서도 대상이 지닌 정감이나 의경은 비슷하여 공유하는 경우가 많다. 그리고 공감을 일으키며 미감을 갖게 된다. 여기에 시가 있고 독자가 있다고 본다.

시는 시인이 지닌 마음의 풍경이면서도 그 시대를 사는 사람 대부분의 정서감정이기도 하다. 곧 시는 시인의 마음이면서 그 시대정신이기도 하다.

여기에 수록된 서정시 60편중에는 [블로그]나 [홈페이지]를 통하여 발표된 작품이 더러 있다. 그 중에는 지금도 카페를 통하여 돌고 있는 작품도 있음을 안다. 그래서 안착된 집도 마련해 주고 싶기도 하다. 어떤 경로를 거치든 작품(시)이란 독자가 있고, 선호하는 독자가 있어 공감대를 갖고 울림으로 퍼져나가는 것은 좋은 현상이라고 본다.

아무쪼록 이정자의 서정시 [마음의 풍경]이 울림에 울림을 더하여 독자들의 [마음의 풍경]에 시인의 [마음의 풍경]이 더하여 아름다운 마음의 풍경으로 고운 삶, 아름다운 삶, 넉넉한 삶이되기를 바란다.

2008. 5. 자헌 이정자

## 차례

### 1. 녹차 한 잔의 그리움

## 2. 소리소리

## 3. 인생의 시간표

## 4. 가장 값진 선물

# 1. 녹차 한 잔의 그리움

# 녹차 한 잔의 그리움

화사한 봄 날 아침입니다.
녹차를 마시면서
그 향기 속으로 들어가 봅니다.
.
햇살이 연초록 잎새에 앉아
뭔가를 속삭입니다.
아마도
잎을 피울 얘기를 하나 봅니다.
.
겨우내 참아 온 얘기며
꽃샘바람을 피할 얘기와
따스한 봄바람을 맞을
얘기를 나누고 있나 봅니다.
.
연초록 새잎들은
봄바람을 기다립니다.
흐르는 시냇물 소리를 들으며
마음도 따라 흐릅니다.
.
오늘은 정말 봄 아씨가
저 너머에서
치마 자락을 날리며
오고 있나 봅니다.
.

봄바람은 봄 아씨를
따라서 오니까요.

.

어제는 봄을 재촉하는
봄비가 촉촉이 내리더니
그리움을 실어다 주었나 봅니다.

.

오늘은 해님이 따스한
봄볕으로 내려와 앉으니
초록 물빛이 곱게도 빛나네요.

.

해님의 긴 긴 여정 얘기를
들려주나 봅니다.
겨우내 지나온 그 얘기들을요.

.

해님을 위한 기도와
초록님을 위한 기도를
해야겠어요.

.

화사한 이른 봄날에
자연의 소리를 들으면서
녹차 한 잔의 그리움을
띄워봅니다.

.

그리고
자연 속에서 평화로운
시간을 가져 봅니다.

(2005.3.6)

# 당신도 이런 날 있나요

살다보면
때로는 일상에서 벗어나고 싶을 때가 있습니다.
훌쩍 어디론가
떠나고 싶을 때가 있습니다.
그럴 때
길동무가 되어
함께 떠나 줄 사람이 있다는 것은 행복입니다.

때로는
도시를 벗어나
한적한 시골에서
텃밭을 가꾸면서
그곳에서 여름 한 철 보내고 싶을 때가 있습니다.
상추랑, 풋고추랑, 가지랑, 울타리 콩이랑…
손수 따서 찬거리를 장만하면서…

때로는
아파트의 편리함보다
좀 운동을 요하는 주택에 살고 싶을 때가 있습니다.
넓은 정원도 가꾸면서-.

사라져간 장독대도 있고
장독대 옆에는 우물도 있고
그 옆에는 맨드라미 봉숭아 접시꽃 채송화 …

꽃이 가득한 작은 정원이 있는
그러한 집을 갖고 싶을 때도 있습니다.

그리고
동산에 올라
떠오르는 해를 맞이하며
귓가를 적시는 산새들의 노래도 들으며
풀벌레들의 어우러진 소리도 들으며
야호!를 크게 외치기도 하며
그렇게 하루를 시작하고 싶을 때가 있습니다.

이렇게
일상에서 벗어나
상상으로 그리는 그 속으로
훌쩍 떠나고 싶을 때면
가만히 눈을 감습니다.
그리고 ...

(2005.4.12)

## 누구에게나

누구에게나
가슴속에 묻어둔
한 가지 사연이
있습니다.

그리고
파랑새의 꿈이 있습니다.

누구에게나
세상살이에서
힘들고 고달플 때가
있습니다.

그리고
그 육신이 지쳐 쓰러질 때도 있습니다.

누구에게나
이 세상이 아주 아름답게
다가오는 행복한 순간들이
있습니다.

그리고
모든 것이 아름답게 보일 때가 있습니다.

일상은 그렇게 그렇게
지나갑니다.

파랑새의 꿈은
오늘도 저 하늘을 바라며
꿈꾸고 있고

세상살이의 고달픔은
오늘도 삶의 곁에서
맴돌고 있으며

행복의 순간들은
오늘도 삶의 언저리에서
끝없이 중심을 바라고 있습니다.

(2004.6.2)

# 나를 가장 잘 아는 당신은

나를 가장 잘 아는 당신은
나를 향해 가장 말이 없습니다.

나의 부족함을 알기에
그 부족함을 말없이 채워주시고
나의 서툰 솜씨를 알기에
그 위에 지혜를 더하여 줍니다.

내가 당신의 일은 제대로 못하면서
항상 바쁜 가운데 있음을 알기에
말없이 지켜봐 주시고 …

이제야 조금은 그 의미를 알 듯 합니다.

나의 부족함 위에
나의 조그마한 장점을 올리시기에
내가 이렇게 당당하게 살아가는 이유입니다.

그래서 나는,
당신의 나라에 내린
신실한 열매이고자
오늘도 열심히 당신 앞에 나아갑니다.

## 나를 깨우고

나는 그 날도
여느 때처럼 그 길을 걷고 있었습니다.

사색의 시간을
가질 수 있어 참 좋았습니다.
나를 바라보고
나를 생각하고
내일을 꿈꾸며
내일을 계획하고
오늘을 다짐하는
충분한 시간이 되기에
나는 이 길을 즐겨 걷고 있습니다.

그런데 그런데

언제나 나 홀로의 길에서
당신을 만난 것입니다.

내면에 깊숙이 갇힌 당신이
길섶에 피어난 풀꽃처럼 고개를 든 것입니다.

당신은 언제나 나의 길에서
나와 함께 하였는데
나는 그것을 느끼지 못하고

오직 나에게만 마음을 쏟고 있은 것입니다.

나의 부족함이여,

이제 당신이 나를 깨우듯
당신을 바라보며
당신의 길을 가렵니다.

(2005.4.19)

## 부부송(夫婦頌)

夫婦는
가장 소중한 이름입니다.
아름다운 추억과 함께
어려운 시절의 추억까지도 함께 공유하며
부족한 부분은 서로가 채워 주고
서로에게 힘을 주는 사이입니다.

夫婦는
마주보는 거울입니다.
상대방이 기뻐하면 나도 덩달아 기뻐지고
내가 슬플 때는 상대방의 마음도 슬퍼집니다.
아름다운 상대방의 마음을 보려면
내가 먼저 아름다운 마음으로 다가가야 합니다.

夫婦는
평행선처럼 나란히 나아가야 합니다.
그래야 평생 같이 갈 수 있으니까요.
조금만 각도가 기울어져도
엇갈리게 마련이지요.
그러면 결국은 어긋나서 빗나가게 됩니다.

夫婦는
부부의 道를 서로가 지켜야(夫婦有別)

평생을 반려자로 살아 갈 수 있습니다.
그래서 夫婦는 무촌입니다.
너무 가까워 촌수로 헤아릴 수 없지만,
등 돌리면 남이 되니까 촌수가 없습니다.

夫婦는
반쪽과 반쪽의 만남이랍니다.
그래서 둘이 하나의 마음이 될 때
모든 길은 순탄하고 평화롭습니다.
그래서 나온 말이
"가화만사성家和萬事成"이지요.

夫婦는
외눈박이 물고기와 같답니다.
그래서 함께하여야 양쪽을 다 볼 수 있습니다.
그러나 때로는 서로 어긋나서 한 쪽만 볼 때가 있지요.
그럴 땐 자신의 단점과 부족함을 먼저 돌아보고
상대방을 이해하며 눈높이를 조절해야 합니다.

夫婦는
두 사람이 각각 한쪽 발을 묶고
달리기를 하는 것과 같습니다.
그래서 함께 조화를 맞추면서 가야합니다.
한사람이 너무 빨라도 너무 늦어도 안 됩니다.

서로를 배려하면서 보조를 맞추어 가야합니다.

夫婦는
발자국을 함께 남기면서 갑니다.
자식이라는 흔적을 이 세상에 남기고 떠납니다.
그래서 자식은 가장 큰 사업입니다.
잠시 머물다 가는 길 위에서
가장 귀중한 선물을 남기고 떠납니다.

夫婦는
나이가 들면서 서로가 닮아갑니다.
늘 바라보며 함께하기 때문이지요.
그래서 서로가 친구가 되고,
서로를 아껴주며 의지하게 됩니다.
그리고 이 세상 떠날 날을 생각하게 됩니다.

夫婦는
나이가 들면서
혼자 남을 반쪽이 안쓰러워 집니다.
그리고 혼자 가야 되는 그 길이 낯설기도 하고요.
그래서 아무리 안 그런 척 하지만
같이 가지 못함이 아쉽기도 합니다.

夫婦는

혼자 떠나야 하는 그 날을 생각하면
눈시울을 적시기도 합니다.
그래서 夫婦는 나이가 들면서
서로 닮아가고 친구가 되어
더 많은 시간을 함께 합니다.

# 날마다 감사 기도를

내가 세상을
바라보는 곳마다
진리를 알게 해 주시고

내가 쓰는
글귀 하나하나에도
믿음과 소망과 사랑을 담게 해 주소서.

주시는 축복
다 담을 수 있도록
큰 그릇을 간직하게 해 주시고

일상에서 일어나는
잘못과 아픈 기억들은
봄밤의 꿈처럼 지워 주시고

어려운 이웃을 위해
기도하고 사랑을 나눌 수 있는
마음의 여유를 주소서.

내가 사랑하는
모든 사람들에게
선한 마음과 행복을 주시고

앞으로도
그들을 위해 기도하며
살 수 있도록 하여 주시고

나의 기도가
하나하나 이루어졌음을
감사기도로 드리게 하여 주시옵소서.

# 시골 풍경

가끔씩은
시골 풍경이 참 그립습니다.
마음이 따뜻해 오고
정겨움을 가져다줍니다.

스쳐가는 바람에도
들판의 흙 내음이 풍겨오고
고향의 솔향기도 실어다 주어
향수에 젖기도 합니다.

머무는 듯 흐르는
고요한 강물처럼
바라만 보아도
마음이 편안합니다.

문명의 언저리에 머물더라도
순수함을 간직하고
수수하게 살아가는 그 모습이
바라만보아도 참 좋습니다.

눈을 감으면
마음의 휴식처처럼
평화로운 시골 길을 걸으며
따뜻한 마음들을 만납니다.

눈을 감으면
몽상 속에서
자유자재로 고향 마을을
구석구석 따라갑니다.

(2005.5.22)

## 바다가 부르네

파도가 가슴을 울립니다.
그저 쉬어 가라고
하소연을 합니다.
그저 바라보며 눈길만 주고 가지 말고
앉아서 조용히 얘기를 나누자고 합니다.

부드러운 모래사장에 앉아서
지난 얘기라도 나누자고 합니다.
지난 세월이 아쉽지 않느냐고도 합니다.
그저 앉아서 바라보기라도 하라고 합니다.
그러면 마음이 열릴거라고도 합니다

긴긴 겨울동안 그리웠노라고
여름을 간절히 기다렸노라고
그렇게 바다를 바라보듯
내면의 세계를 바라보랍니다.
내면을 한 번 흔들어 보랍니다.

바닷가에 발을 담그고
파도에 밀려가는 모래의 간지럼을 느끼면서
바다의 마음을 읽어보라고도 합니다.
파도의 거친 숨소리를
느껴보라고도 합니다.

비 오는 날 친구가 그립고
커피 한잔이 그립듯이
시린 가슴을 바다의 넓은 가슴에
기대어 보랍니다.
따스함을 느껴보랍니다.

# 눈을 들어 산을 보리라

말없이
우뚝 선 산을 보노라면
자연 그대로의 큰 창조물임을 알게 합니다.
산을 보며 묵상에 잠겨봅니다.

큰 힘이 다가옵니다.
푸르른 옷을 산에 입힘같이
햇볕도 편만하게 내리시니
하나님의 영광이 섬광처럼 빛납니다.

보이는 것은
보지 못하는 것들의 실상이려니
조화와 균형을 이루는 자연이야말로
그를 바라볼 수 있는 묵상의 대상입니다.

그의 영원하신
능력과 신성이
그의 피조 된 만물에게서
거울처럼 보입니다.

(2005.8.4)

# 인생은 60부터

인생은 60부터라고 했던가요?
그 말이 맞은 것 같습니다.

아들 딸 다 결혼 하여 독립해서 나가고
부부만 남게 되니 다툴 일이 없고
30여년 직장생활에서 연금이 나오니
부부가 살기엔 넉넉하고
시간과 경제가 되어 여행도 즐길 수 있고
부부가 서로 건강을 챙기며
여유롭게 살수 있으니
인생은 60부터라는 말이 실감납니다.

어느 날 큰 아들이 말했습니다.
"나이 들어 아버지 어머니 같이 살기 위해
지금 열심히 살고 있습니다."라고-.

## 나이

인생은 60부터
매사에 여유로운 나이

그래서 고운나이,
마음이 편한 나이,
연꽃 같이
잔잔히 살아가고 싶은 나이

가진 것이 적어도
하는 일이 적어도
마음만은 풍족하게
향기 가득 채우고 싶은 나이

얼마큼 세월이 흘러도
그래도 아직은
자유로이 하고픈 일에
정진하고 도전하고 싶기도 한 나이

마음속에 미워하는 이 없이
가만 가만 모두를 사랑하며
남을 의식하지 않고
자유롭고 싶은 나이

매사에 감사하며

마음 비우고
여유롭게 따슨 마음
한줌 내어 주고 싶은 나이

설레는 그리움은 추억에 담고
꽃 같은 미소로 마음의 토양을 가꾸며
생명의 샘, 행복의 샘
다스리고 가꾸고 싶은 나이.

인생은 60부터
매사에 여유로운 나이.

(2006.7.14)

# 낙엽이 쌓이는 날

가을이 오면
그리운 추억이 있습니다.
그날도 아주 청명한 가을 날씨였습니다.
하늘엔 조개구름이 선명하게 그려져 있고 …

우리는 밖으로 뛰어나와
높푸른 파아란 캔버스 위에
새하얗게 그려진 조개구름을
신기하게 바라보았습니다.

가을비 쓸쓸히 지나가고
낙엽이 뚝뚝 떨어져 쌓이는 날이면
우린 그것을 애처러이 바라보며
가을 노래를 드높이 불렀습니다.

노을이 곱게
서녘 하늘을 물들일 때면
우린 하루의 안식보다
어두움을 물리치고자
불빛을 찾아 뛰어다녔습니다.

풀벌레의 노래 소리가
길가 풀섶에서 들릴 때면
그 시절 어둠을 밝히는

노래를 힘차게 부르며
세상도 열심히 얘기했습니다.

낙엽이 쌓이는
오붓한 흙길을 밟으며
이슬이 발등을 적실 때까지
깊어가는 가을 서정도
우린, 우린 오래도록 간직했습니다.

(2004.10.23)

# 아름다운 가정

물과 쌀이 만납니다.
열기에 의하여
밥이 됩니다.

물이 많으면 밥이 질어지고
물이 적으면 고두밥이 됩니다.

열기가 너무 높아도
열기가 너무 낮아도
밥이 제대로 되지 않습니다.

물과 쌀의 비율이 적당해도
불의 조절이 잘 안되면
밥이 제대로 되지 않습니다.

물과 쌀의 비율과
적당한 불의 조절에 의하여
맛있는 밥이 됩니다.

물론 이 때
쌀도 물도 좋아야겠지요.

부부도
물과 쌀이 만나 밥이 되는 것과 같이

어느 하나가 제대로 맞지 않으면
평형성이 깨어집니다.

수없이 시행착오도 겪으면서
물과 쌀의 비율을 맞추어
맛있는 밥이 지어지듯

부부는
서로 맞추어가면서
사랑의 열기로 조절을 해 가면서

윤기 나고 맛있는 밥을 짓듯
평화롭고 아름다운 가정을
가꿔 가는 것입니다.

(2005.6.18)

# 그 뜨락에 가면

샛별을 따라
푸른 새벽을 열고
날마다 가는
나의 뜨락이 있습니다.

거기에 가면
잔잔한 호수처럼
내 마음은
바람을 달래며
고요히 머물고

내 속의
젖은 먼지도
목욕을 하듯
깨끗이 씻겨 내립니다.

그래서
나는 오늘도
푸른 새벽을 열고
그 뜨락에 갑니다.

그 곳에 가면
미완의 내 꿈도
오색영롱한

무지개로 내 가슴에
피어납니다.

(2005.8.4)

# 2. 소리 소리

# 여름 밤

여름이 오면
난 어린시절의
여름밤이 생각난다.

내가 어릴 적에는
마당에 멍석을 깔아 두고
많은 식구가 둘러 앉아
저녁을 먹었다.

모깃불을 마당가에 피워놓고
유성이 쏟아지고
별이 내려앉는
밤하늘을 바라보며
별자리를 익히기도 하고
별을 헤아리기도 했다.

그러다 잠이 들 때면
시원하게 부채질 해 주시는
어머니의 손길이 있었지.

# 소리소리

어릴 적 내 귓가에
새겨진 소리가 있다.

아침이면
곤잠을 깨우는
참새들의 지저김과
엄마의 소리소리

저녁이면
소먹이 아이들의
소를 모는 소리와
소 편경 소리소리

밤이면
사랑방에서 한문을 가르치시는
아버지의 소리와
어머니의 다다미 소리소리

밤의 고요 속에서
들썩이는 소리소리
그 소리를
지금도 아련히 듣고 있다.

이렇게
어릴적 내 귓가에
새겨진 그 소리가 들려올 때면
나는 그저 그저 행복하다.

(2005.8.8)

# 여명의 소리

새벽을 깨우는
소리가 들려온다.

멀리서 개 짖는 소리
덜커덩 수레 끄는 소리
부웅 ~ 차에 시동 거는 소리
가까이서 들리는 발자국 소리
수군대는 사람들의 소리소리
닭이 홰치는 소리까지

별이 떠나가는 소리
서광이 멀리서 비쳐오는 소리
고요를 뚫고 들려오는
생명의 소리 소리가
새벽을 깨우며 아침을 연다.

(2005.8.10)

# 여름날의 꿈

찌는 듯
쏟아지는 폭염에
가만히 앉았어도 젖어드는 등줄기엔
한줄기 비가 온 듯
흠뻑 젖어든다.

여우비 소나기라도
쏟아지는 꿈을 꾼다.
염도의 촉수 낮추고
잠시 머문 구름 사이로
살며시 몸을 낮추어 본다.

푸르른 바다에 눕는다.
시원함이 온 몸을 적신다.
스르르
바다 속으로
꿈속으로 빠져든다.

(2005.8.10)

# 네가 생각날 때면

네가 생각날 때면
나는 눈을 감는다.
그러면 너는 내 앞에 와 선다.

네가 그리울 때면
나는 음악을 듣는다.
그러면 너는 귓가에서 소곤댄다.

네가 보고 싶을 땐
나는 여름 바다를 그린다.
그러면 너는 거기서
모래성을 쌓으며 웃고 있다.

내가 행복한 것은
너를 생각하고
너를 그리워하고,
너를 보고 싶어 하는 마음이다.

너는 나의 사랑이니까

# 어느 오후

하루의 피곤이 밀려온다.
소파에 몸을 맡긴다.
가장 편안한 자세로
내 몸은 푸근하게 잠긴다.

스르르 잠이 들며
푸른 그늘에 눕는다.
몸은 아주 편안한 자세로
시원한 물 위에 떠 있다.

소파보다
더 아늑하다.
마음이 향하는 대로
몸도 편안한 자세로 따라간다.

# 그 시절엔

흐르는
세월과 함께
시대도 많이 변했다.
우리가 언제부터
물을 사서 먹었던가.
먼 나라 얘기로만 여겼던 것이
우리의 현실이 되었다.

여름이면
별이 쏟아지는
까만 밤하늘을 바라보며
멍석에 둘러 앉아
머리통 보다 커다란
수박을 쩍 갈라 먹던 시절도
까마득한 옛 얘기가 되었다.

짙푸른
표피 안에는
새빨간 속살이 탐스럽게
입안을 유혹하여
새까맣게 드러내는
씨알도 마다않고
한 입에 어적어적 베어 먹던 그 소리

지금은
모두가 각자의 길을 가고
또 가고 없는데
흐르는 세월 속에서
도란도란 이야기꽃이
밤이 늦도록 피어나던 그 시절,
그 여름밤의 정경이 새록새록 그리워진다.

# 갈대발

백화점에 들렀다가
여름 상품을 하나 샀다.
푸르른 갈대발이다.
창문을 열어놓고 커-텐을 걷고 발을 친다.
방금 시원한 바람이 술술 들어온다.

갈대바람이
푸른 발에서 불어온다.
듬성듬성 그저 그렇게 엮어 만든
수제품의 투박한 발이다.
어린 시절 아침 햇살을 피하기 위해
어머니께서 동향인 우리 집
대청마루에 쳐 두던 바로 그 발이다.

초록들판에서
자연의 기운을 듬뿍 받고 자란
자연 그대로의 푸른 발은
바라보는 눈까지 푸르게 한다.
그리고 초록 바람을
자연 그대로에서 실어 나른다.

## 추억의 소리

내 어릴 적
마음에 심어진
소리소리가 있다.

노을빛이
서녘 하늘을
물들일 때쯤이면
딸랑이는 두부장사 방울소리

잽싸게
뛰어나가는
발자국 소리소리

뒤이어
부엌에서 새어나오는
도마소리와 칼질 소리

구수한 찌개 냄새가
연하(煙霞) 속에서
온 마을을 적신다.

## 산촌 일기

푸르른 산을 보고
푸르른 들녘 보며
푸르게 푸르게 살고 싶어라

세상사
소음에 산란해진 마음도
고요론 적막으로 숙연해 지고

탁 트인
넓은 들판을 보며
좁은 마음 넓게 하고

눈앞에
우뚝 선 높은 뫼보며
눈높이를 조절하고

산새 들새 노래 맞춰
풀벌레들의 합창 들으며
푸르게 푸르게 살고 싶어라.

# 나무는 행복이어라

물은 생명의 근원
대지는 생명을 탄생시킨다.
나무는 대지를 발판으로 삼아
하늘 향해 힘껏 뻗어 나간다.

나무는 태양빛을 먹으며
충분한 자양분을 공급받아
연(緣)의 가지를 뻗고 뻗어
하늘 아래 넉넉하다.

새봄의 어린잎에서
여름날 풍성한 푸른 옷을 입고
가을엔 채색 옷으로
아름답게 단장한다.

겨울엔 알몸으로 눈꽃을 피워도
나무는 행복이어라
새봄을 기다리는 소망이 있어
나무는 행복이어라.

# 자유의 여신상

자유의 함성이 파도에 밀려온다.
해풍에 생동하는 해수의 물결 따라
바다는 포효하며 자유를 외친다.

“억압 받고 힘 드는 자
모두 나아오라.
자유의 여신상이 쉬게 하리라.
황금의 문 앞에 서서
바다를 향하여 가슴을 펴고
두 팔을 드높이 뻗쳐 보라.
자유의 횃불이 손끝에 전해지리니.”

(2006.2)

# 순수를 꿈꾸다

한적한 시골
언덕배기 밭두렁에
자유로이 피어난
하얀 들꽃을 본다.

파란 하늘을 이고
초록 바람 벗하여
풀벌레 노래 들으며
순수를 꿈꾸고 있다.

그저 그렇게 핀
하얀 들꽃이
내 마음을 붙들고
꿈을 꾸듯 자리를 내어준다.

(2005.4.17)

# 빗소리

괜스레
창틀을 두드리는 빗소리에도
마음이 아플 때가 있다.

이럴 땐
마음 한 자락 내려놓을 수 있는
그런 친구가 그립다.

잊었던
기억들이 빗물을 타고
희미한 영상을 그린다.

차 한 잔 앞에 두고
옛 이야기 나누고 싶은
그 친구가 그립다.

(2005.7.3)

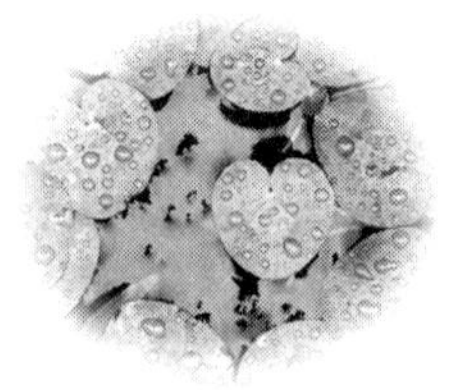

# 비야 쏟아져라

비야 쏟아져라
펑펑 쏟아져라
세상 모든 더러운 것
불의한 것 어두운 것
마음의 근심 걱정까지도
모두모두 씻어가거라

꿀꿀이 죽도,
유해 색소 넣은 불량식품도
정치권의 부정부패도
사회의 불안과 불신도
철따라 일어서는
민노총 한노총의 春鬪, 夏鬪도
지겹도록 다 씻어가거라

비 갠 후의
산야가 청명하게 빛나듯이
그렇게 그렇게
이 세상을 이 사회를
각계각층을
깨끗하게 씻어다오

그리하여
너무 깨끗하여

너무 맑아서
너무 좋아서
너무 조용해서
울음이 터지게 하여라.

소중한 것은
가치 있는 것은
진실 된 마음이라는 것을
순수한 마음이라는 것을
서로가 더불어 살아감을
모두가 깨닫게 하여라.

산야에 자라난
풀꽃들은 스스로 자라지만
빛깔이 더 곱고 아름답듯이
사랑의 눈으로,
진실 된 눈으로
진정 소중한 것을 바라보게 하여라.

# 3. 인생의 시간표

# 길

길은 많습니다.
이 길, 저 길 ...
고운 길 험한 길 ......

수없이 많은 길을
지금껏 걸어왔고
아직도
많은 길들이
세월 앞에 놓여 있습니다.

지금은
어느 길에 서 있고
그 길의
어느메쯤 와 있는지를
생각하게 하는 계절,
가을입니다.

뒤돌아,
앞을 바라보게 하는
사색의 계절,
가을입니다.

(2005.10.7)

# 사색의 계절

가을은 사색의 계절입니다
가을이 주는 색깔만큼이나
곱다랗게 사색에 잠기게 하는
참 좋은 계절입니다.

봄날을 맞이하며 향기에 젖는
화사한 설레임도 아니고
여름을 맞으며 갖는
나른함과 촉촉함도 아닙니다.

드높고 파란 하늘을 보고
드넓은 황금들판을 밟으며
익어가는 열매의 향기에 젖어
사색을 즐기는 풍성한 계절입니다.

지난 한 해를 뒤돌아보고
지난 세월도 돌아보며
차분히 앞날도 내다보게 하는
여유로움을 주는 계절입니다.

## 친구

지금은
어느 하늘 아래 있는지
소식조차 모르지만
추억 속의 한 친구가 있습니다.

그 친구는
밤이슬 머금고
활짝 피어난
모란꽃을 닮았다고 했습니다.

그의 미소는
에메랄드 빛나는
보석 같았고
밝은 햇살이었습니다.

그의 눈빛은
밤하늘을 아름답게 수놓으며
반짝이는
고운 별빛이었고

그의 마음은
바다를 향하여
소리 없이 흐르는
깊고 맑은 강물이었습니다.

그래서 좋아했었고
말 수가 적지만
얘기를 잘 들려주기도 했고
얘기를 잘 들어 주던 친구이었습니다.

편지를 보낼 때면
언제나
"ps: 편지야, 빨리 날아가거라."
며 편지를 재촉하기도 했습니다.

지금은
어느 하늘 아래 살고 있는지
소식조차 모르지만
추억속의 그 친구가 그립습니다.

# 송계 계곡에서

발목을 흠뻑 적셔도 좋으리

흙냄새 풀냄새 싱그러운 냄새가
온 몸에 베어듭니다.

바지자락 툴툴 털어내며
긴 숨을 내어 쉽니다.

새소리,
풀벌레소리
자연의 합창소리가
바람소리 어우러져
시원스레 다가옵니다.

나뭇잎
파르르 햇살을 머금고
네 팔 벌린 푸른 가지들은
맑은 냇물을 머금고
넓은 가슴을 내어줍니다.

계곡의 물줄기 차암 힘차고
차암 싱그럽습니다

더 없이 맑은 계곡

더 없이 좋은 나무
자연을 닮고 싶습니다.

언제나 이렇게
자연과 더불어 함께하면
자연 그대로의
빛과 향으로 살아갈 수 있을 겁니다.

## 자연의 일부

자연은
만물의 원형이며 모태입니다.
그래서 '인간은 자연의 일부'라고
노자는 말했습니다.
자연의 일부인 인간 또한
자연과 더불어 살아갑니다.

자연은 생명의 발현이고 소망입니다.
자연의 몸짓에서 춤이 태어나고
자연의 소리 따라 음악이 태어나고
자연의 표현에서 시가 태어났습니다.
인간이 자연과 하나이듯
시 또한 자연과 하나입니다.
그래서 시를 가리켜
"시인이 창조한 제2의 자연"이라 합니다.

시는
자연과 더불어 하나일 때
시혼을 만나고 깨닫고
발견하게 될 것입니다.

# 산에서 사네

깊은 골
몇 개의 돌계단이 놓여 있고
개울물 졸졸 흐르는 맑은 산 속

소곤소곤 소리 들릴 듯 말듯

희미한 달빛 아래 그림자 두런두런
어둠을 헤이며
고요 속에 젖어듭니다.

# 목련화

아직도
추위는 뜰 앞에서
서성이는 이른 아침
새하얀 모자 쓰고 오롯이 깨어난
순결한 여인을 봅니다.

추운 겨울 헤치고
은은한 향기로 다가온
그 우아한 자태에
한참동안
넋을 잃고 바라봅니다.

아쉽게 살다간
어느 짧은 생애의 여인인양
우아하고 품위 있는 그 자태가
이 아침 내 마음을 깨우며
그 향기에 젖게 합니다.

(2006.4.1)

# 인생의 시간표

인생의 시간표는
사람마다 엄청난 차이가 있습니다.

일일 시간표에서
월마다의 월간표
사계절의 계절표
일년간의 연간표를 세울 수 있고
3년 5년 10년간의 기간표를 세울 수 있습니다.

인생의 시간표를 잘 활용하는 사람은
참으로 지혜로운 사람입니다.

"사색은 사고력을 길러주고
놀이는 무료함을 달래주고
독서는 삶의 지혜를 더하여 주며
기도는 역경을 이기는 힘을 준다."고
앤 랜더스는 말했습니다.

그리고
"사랑은 삶을 아름답게 하고
우정은 인생에 활력을 더하여 주며
나눔과 봉사는 삶을 보다 윤택하게 하고
가정은 평안을 주며
가족은 삶의 근원이 되어 안식"을 준답니다.

인생의 시간표는
나의 일과 더불어 여러 계층의
다양한 만남과 나눔을 통하여 채워집니다.

그리고 그것은
생활에 동력을 더하여 주고
아름답고 풍성한 삶을 누릴 수 있는
근원이 됩니다.

## 세월 (2)

들길을 걸으면
무수히 밟히는 잡초에서도
생명을 느낍니다. 그리고
은은한 향기를 느낍니다.

산길을 걸으면
산을 지키는 것은
거목만이
아니라는 것을 알게 됩니다.

잡목이 있기에
산새도 보금자리를 틀고
잡풀이 있기에
작은 동물들이 숨을 쉰다는 것을 느낍니다.

그리고
산을 푸르고 넉넉하게 하는 것도
거목 사이사이에 난
잡풀과 잡목이라는 것을 알게 됩니다.

가을날
떨어지는 낙엽을 보면서
세월의 자리바꿈을 알게 됩니다.
그리고 우리 인생을 생각하게 됩니다.

사계의 흐름에서
이제는 인생의 무상보다
자연의 아름다운 순환의 원리에
머리 숙일 뿐입니다.

# 밤의 서정 (06)

밤의 신비를 느껴보셨나요?

모두가 잠들고
고요만이 흐르는 시간

뜰에 나오면
별이 쌍쌍으로 내려와
소곤거리고

멀리서 달님은
사랑스런 눈빛으로
한 눈을 지그시 감고
미소 짓고

풀벌레들도
이 고요를 지키려는 듯
조용조용 아름다운 노래를
불러줍니다.

(2006.6.29)

# 작은 기도

살아가면서
힘이 들고 마음이 허허로울 땐
가만히 눈을 감으십시오.

그리고 마음속 깊은 곳에
귀를 기울어 보십시오.
간절히 간절히...
가장 바라는 음성이 들릴 것입니다.

# 낙엽과 장미

자연도
계절을 잊은 듯
낙엽 떨어진 가지 위에 장미 한 송이
빨갛게 피어있습니다.

혼탁한
세월 속에 길을 밝히듯
가을 햇살 아래 횃불처럼
더욱 환하게 피어 있습니다.

귓가를
스치는 바람처럼
닿을 듯 말듯 낙엽을 날리는
자연의 리듬에 귀를 기울입니다.

한 잎
두 잎, 하늘을 나르며
가지마다 꿈을 떨구는
낙엽속의 장미가 오월인 듯합니다.

# 가을 뜰에서

밤은 깊어
이슬에 젖어
별빛도 차가운
달빛 희미한 가을 밤

영혼은 더욱 맑게
대지를 돌며
아름다운 추억을 찾아
밤길을 헤맵니다.

지난 어느 시간
타오르는 단풍잎처럼
다스리기 힘든 붉은 마음도
이제 달빛을 닮아가고 있습니다.

만추의 바람에도
몸 낮추어 푸른 별빛을 담으려고
작은 담쟁이덩굴은 하얀 달빛을 가리고
자리를 꿋꿋이 지키고 있습니다.

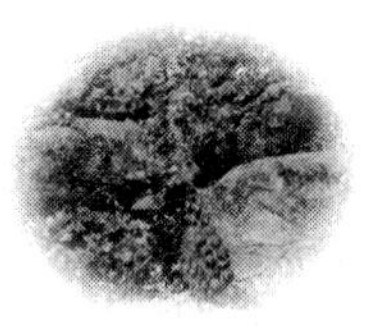

# 비는 내리고

비가 내립니다.
하염없이 비가 내립니다.
.
만추에 비를 실어
낙엽비가 내립니다.
뚝!뚝! ...
우수수 ...
낙엽비가 쏟아집니다.

이렇게 비가 내리는
날에는
차를 마시며
함께 대화를 나눌 수 있는
친구가 그리워집니다.
.
따끈한 녹차를
앞에 두고
향긋한 맛을 음미하며
컴퓨터를 켜고
메일을 엽니다.
.
비 오는 날의 풍경과
뚝!뚝! 떨어지는 낙엽과
명상음악에 비오는 소리를 담아서

그리운 마음을 실어
친구에게 보냅니다.

.

비는 내리고
하염없이 비는 내리고...

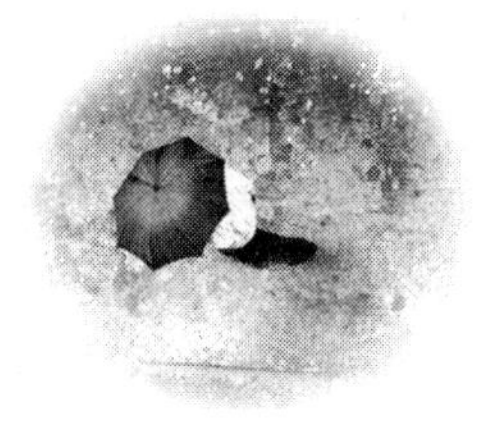

# 미틈달의 서정

미틈달 11월이 오면
괜스레 마음이 바빠집니다.
한 해를 마무리해야 하는
매듭달을 앞에 두고
해오름에 올린 계획을 점검하여 보며
못 다한 일들을
마무리해야 되기 때문입니다.

떨어져 쌓이는 낙엽을 바라보며
한 해를 돌아봅니다.
나목의 가지에서 생명을 잉태하며
유년의 새순을 맞이하던 연초록이
청춘의 열기를 발산하며 힘차게
뻗어나간 5월의 싱그러웠던
그 잎새들을 떠올려봅니다.

아름답게 꽃을 피웠던
그 고왔던 빛깔을 뒤로 하고
한 생을 마무리하는
낙엽을 기리면서
낙엽제라도 드리고 싶습니다.

새봄의 새싹을 위하여...

(2005.11.20)

# 4 가장 값진 선물

## 길을 걸으며

길은 많다.
그 많은 길에서
어느 길을 선택하느냐는
오직 자신에 달려 있다.

길은
떠나기 위해서
또는 돌아오기 위해서
존재하는 것이 아니다.

떠날 사람은
길이 없어도 길을 만들어가며 떠난다.
돌아올 사람은
길이 없어도 길을 찾아 돌아온다.

길은
필요에 의해서
자연적으로 만들어 지는 것이다.

길은 많다
그 많은 길 중에 어느 길을 가느냐는
오직
자신에 달려 있다.

어릴 때는
손잡아 주면 따라오기 마련이지만
철이 들어가면서
자기가 자신의 길을 선택한다.

그래서
사람마다 가는 길이 다르고
그것은
오직 자기 자신에 달려 있다.

## 하늘이 우는 날

번쩍! 번쩍!
번개가 치고
하늘 문이 열리더니
온통 물바다이다.

대지의 부르짖음에
바다가 울부짖고
땅이 곤두박질 치더니
나무들은 생살을 드러낸다.

# 보리차를 끓이며

주전자에 물을 끓인다.
물이 방울을 내며 끓으면
보리차를 넣는다.
부글부글 보리차가
끓어오른다.
구수한 향기를 풍기며
요란하게 끓어오른다.
불을 낮추면서 조금 더 끓이다
불을 끈다

머그잔에 7부 정도로 부어
식힌다.
따끈한 보리차가
입안을 시원하게 적시며
미끄럼을 타고
위장으로 내려간다.
속이 시원하다.
하루가 이렇게 마무리된다.

# 잘못된 인식

툭!툭! 푸두둑!
성가시다 못해 이제는
빨리 이 열매가 다 떨어지기를 바란다.
아직 채 영글어 익지도 않았는데
사람들은 열매가 곱게 익을 때까지 두지를 않는다.
아이들도 어른들도 …

아파트 정원에 있는 대추나무 두어 그루
고웁게 익어갈 탐스러운 열매인데
그 공동 소유가
먼저 따가는 사람이 임자이다.
아무도 간섭하는 사람이 없다.
빨간 열매를 보고픈데 …

# 알 수 없는 것들

우리의 주위엔
알 수 없는 것들이 참 많다
그저 그러려니 생각하면
모든 것은 그대로 넘길 수 있다.
하지만 가만히 관찰해 보면 의문투성이가 많다.

사과나무에서 사과가 떨어지는 것을 보고
'왜 하필 땅으로 떨어질까?'에 의문을 갖고
캐낸 것이 [만유인력]이라는 과학의 명제라면
우리 주위엔 의문을 갖고
생각에 잠겨볼 일들이 너무 많다.

꽃은 피었다 쉬이 지고
풀은 한 해도 못살고 찬 바람에 시들어지고
한 철(7일)을 밝은 세상에서 노래하며 멋있게 살기 위해
7년을 땅 속에서 번데기로 보내야 하는
매미의 일생은 더욱 불가사의하다.

들꽃은 아무도 보아주지 않아도
혼자 저리도 곱게 피어나고
구름은 제 맘대로 몰려왔다 흩어지고
바람은 때 따라 홀연히 지나가고
자연은 자연 그대로가 아름다울 뿐이다.

도대체 자연의 조화란? …
이를 조정하는 힘은 무엇일까? …
이런 것들에 관심을 갖고
의문을 제기하며 캐어내려는 데서
과학이 있고 철학이 있고 종교가 있을 것이다.

# 비가 되어

추적추적 비가 내립니다.
가을비가 내립니다.
단풍진 낙엽을 밟으면서
추적추적 비를 맞습니다.
가을비를 맞습니다.

빗물이 모여 실개천을 이룹니다.
실개천은 떨어진 나뭇잎 배를 타고
빠르게 빠르게 흐릅니다.
그리곤 큰 개천에 합수하여
숨을 내어 쉬며 느릿느릿 강을 향해 떠납니다.

큰 강물을 만나고
바다에서 쉼을 얻습니다.
그리곤
다시 태양열의 조화로 구름으로 태어납니다.
그리고 비가 되어 내립니다.

이렇게
비는 수없이 순환을 거듭합니다.
봄 여름 가을 겨울
사 계절도 끊임없이 순환을 합니다.
자연은 순환도 윤회도 거듭합니다.

그런데
사람은 그렇지 않습니다.
유아기, 소년기, 청· 장년기, 노년기로
사계절을 맞이하며
한 평생을 살다가 마감합니다.

노년이
다시 소년으로 돌아갈 수는 없습니다.
인간은 단1회성 순환으로
거듭남이 없습니다.
그래서 인생은 無常하다고 합니다.

(2006.12.23)

# 산이 좋아 산에 사네

사람마다
좋아하는 대상이 있고
취미가 있습니다.

낚시를 좋아하는 사람
등산을 좋아하는 사람
운동을 좋아하는 사람
……

사람에 따라선
그 좋아하는 것에
목숨을 걸기도 합니다.

산이 좋아
산을 타다
산사람이 되어버린 넋이 있습니다.

그의 푸른 넋은
맑은 날이면 파란 하늘에서
하얀 구름이 되어 산 위에서 피어오릅니다.

그러다 산이 더욱 그리울 때면
구름비가 되어 눈물을 흩뿌리며
산을 온통 비구름으로 감쌉니다.

때로는 그의 넋이 메아리 되어
소리소리마다 울리며 온 산에서
골마다 울리며 돌아옵니다.

산이 좋아
산을 타다
산사람이 되어버린 넋이 있습니다.

# 창을 통하여...

여름이면
콘도가 있는 동해바다에 갑니다.

쪽빛바다도
하늘도 하나기 되어 넓고 아름답습니다.

따가운 햇살이 쏟아지는
바닷가 정오
창에 기대어 시원한 바닷바람을 마시며
쪽빛 하늘과 바다를 바라봅니다.

따가운 햇살을 받으며
굳이 바닷가를 나가지 않아도
바다향기가 몸속으로 스며듭니다.
파도소리가 철~썩 철~썩 귓가를 때립니다.

창을 통하여 다가오는
푸른 바다와 초록햇살이
바닷바람을 타고
감미로움을 더해줍니다.

창을 통해 하늘이 들어옵니다.
창을 통해 바다가 들어옵니다.
창을 통해 햇살이 들어옵니다.

창을 통해 바람이 들어옵니다.

창을 통해
바다를 바라보며
바다를 통해 우주를 느끼며
우주를 통해 나를 바라봅니다.

쪽빛 하늘도
바다도 하나가 되어 넓고 아름답습니다.

(2004.6.15)

# 가장 값진 선물

"시간은 금"이라고 합니다.
시간이 그만큼 중하다는 것을
물론 말하는 것입니다.

실은 금보다 더 소중하고
귀한 것이 시간입니다.
그것은 노인이 소년으로 돌아갈 수 없듯이
지나가버린 시간은 돌이킬 수 없고
억만금을 주고도 살 수 없기 때문입니다.

그래서
지금 이 순간 나에게 허락된
이 시간(현재,Present)이 나에게 주어진
가장 값진 선물(Present)입니다.
그러므로
오늘 하루를 충실하게 살아가는 것입니다..

영어의 Present 가
'현재'와 '선물'이라는
두 가지 뜻을 갖고 있는 것도
바로 이런 이유에서랍니다.

(2004.2.5)

# 빛과 그림자

사람마다
가슴에 묻어두고 사는 것이 있습니다.
빛과 그림자
두 개의 얼굴이 쌍곡선을 그리며
마음을 다스립니다.

하나의 불빛이
주위를 환하게 비추면서
미소를 띠고 있을 때
저만치서 그림자는 불빛을 응시하며
기회를 엿봅니다.

이렇게 언제나 함께 있습니다.
그러나 세월이 지나면서 서로를 닮아
하나의 구슬로 승화합니다.
그리고 가슴에 간직될 때
삶은 그 구슬로 인해 아름답습니다.

# 가시

사람마다
한 가지 가시는 있습니다.
'난, 가시가 없어'라고 말하는 사람은
단지 자신의 가시를 의식하지 못하거나
의식하지 않는 것입니다.

아름다운 장미는 가시가 있어
예쁜 꽃을 보호합니다.
새하얀 찔레꽃이 향기를 풍기며
꿀벌은 부르지만
가시가 있어 맘대로 꺾을 수가 없습니다.

가시는 자신의 보호막입니다.
가시를 두려워 말고 그 가시로 인해
또 다른 위험으로부터 자신을 보호하며
그 가시로 인해
거듭나는 삶의 지혜를 얻습니다.

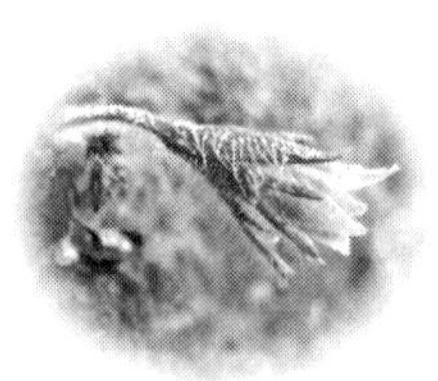

# 인생의 속도

인생의 속도는 어느 정도면 알맞을까?

자동차의 속도도 길의 종류에 따라 다르듯이
인생의 속도도 그 여정에 따라
그 능력과 환경에 따라 다를 것입니다.

각자가 자기의 분깃에 따라
주어진 여건에 따라
현재의 건강에 따라
그 속도를 조절할 필요가 있습니다.

# 말의 주술

말에는 주술성이 있습니다.
곧 말은 살아서 운동력을 가진다는 것입니다.
어느 때는 그 말이
효력을 나타냅니다.
그래서 말은 삼가서 해야 합니다.

"하늘이 두 쪽 나도 OOO이 되어야 한다"
"하늘이 두 쪽 나는 한이 있어도 그 일을 하고야 말거야"
어떤 극한 상황을 돌파하기 위해
가끔 이러한 말을 하는 경우를 봅니다.
하지만 그 일은 이루어지지 않습니다.
하늘이 두 쪽 날 일이 없으니까요.

"다시는 안 볼 거야"
"이젠 끝장이다" 했을 때
그것이 사실로 돌아오는 것을 봅니다.

그래서 말은 삼가서 해야 하고
마지막이 될 말은 하지 않아야 합니다.

"언젠가는 잘 될거야"
"언젠가는 만날거야"
"다시 생각해보자 …" 이렇게 여운을 남기며

희망적으로 마무리해야 합니다.

# 능력이시니

하나님은 능력이시니
때로는
천둥을 일으키고
번개를 일으키고
폭풍을 일으키며
모든 것을 쓸어버리기도 하십니다.

때로는
이 모든 것을 치료하시기도 하고
이 모든 것을 잔잔케하시는 능력이십니다.

# 고향의 풍경

세월이 변해도
고향은 그리움의 대상입니다.
국도를 달려 마을 입구에 다다르면
제일 먼저 반기는 것이
고향을 지켜주는 느티나무입니다.

그리고
작은 개울이 있고 돌다리가 있습니다.
그 개울에서 여름이면 개구쟁이들이
물장구치며 놀다가
산 그림자 내려올 때면 젖은 발로
돌다리를 건너곤 합니다.

오솔길 양 옆으로
널따란 밭들이 층층이 놓여 있고
집집마다 감나무가 대문을 지킵니다.
대문을 들어서면
담 밑엔 해바라기 해를 바라고
누렁이 꼬리치며 뛰어 나와 반깁니다.

부엌에선
똑딱똑딱 도마소리 들리고
장독대 옆 꽃밭에선
꽃들의 향연이 펼쳐집니다.

채송화 맨드라미 봉숭아 접시꽃이
자태를 뽐내며 눈길을 줍니다.

고향은
어린시절 추억이 있고
넉넉한 인심이 있고
솔향기 풀향기 듬뿍 풍기며
모두를 넉넉히 품어 안는
푸르른 산과 들이 있습니다.

그리고 파아란 하늘과
하이얀 새털구름이 있습니다.
그 곳이 추억 속 고향이고
지금도 꿈꾸는
평화로운 고향 마을입니다.

# 우린 행복하다

참 좋은 세상입니다.

사이버 공간에서
뭐든 즐길 수 있는 우리는 행복합니다.

눈이 오지 않아도
비가 오지 않아도
영상으로 즐기고 느낄 수 있고
사철의 영상을 계절에 관계없이
감상할 수 있으며
듣고 싶은 음악을 들을 수 있으며
화랑에 가지 않아도
유명 미술품을 감상할 수 있는
참 좋은 세상입니다.

좋은 글과 아름다운 시를
영상과 함께 음악을 들으며
감상할 수 있고
검색을 통하여 잡다한 지식도 넓힐 수 있고
이러한 시대에 사는
우리 모두는 행복합니다.

인터넷의 유해성을
아무리 강조해도

선택의 몫은 개인에 달려 있습니다.

TV를 바보상자라고 하는 사람들은
바보상자가 될 것이고
TV가 유익한 것이라고 보는
사람에게는 유익하듯이
인터넷도 유해 사이트를
드나드는 사람에게는 유해 할 테고
유익한 사이트만 드나드는
사람에게는 유익합니다.

세상살이에 몰두하다가도
사랑이 넘치는 글을 읽거나
종교적인 영상이나 음악을 들을 때는
잠시나마 숙연해 지는 것도
<사이버공간>에서 얻는 영의 양식이 됩니다.

TV도 인터넷도 독서와 함께
우리의 삶을 보다
아름답고 풍성하게 하는
보물 상자입니다.
이러한 보물 상자를 즐길 수 있는
우리 모두는 행복합니다.

**자헌 (慈軒) 이정자 (李靜子)**
시인 문학박사. 이화여자대학교졸
한국문인협회회원, 한국시조시인협회회원
이화동창문인회 이사, (사)한국시조문학진흥회 이사
시조문학작품상 수상

◈ 논저

『한국 시가의 아니마 연구』 (백문사, 1996)
『시조문학연구론』 (국학자료원, 2003)
『대화와 화술』 (국학자료원, 2003)
『시와 시조 창작론』 (국학자료원, 2004)
『글쓰기의 길잡이』 (국학자료원, 2005)
그 외 국문학 관련 논저 및 논문 다수

◈ 시집

『하늘의 이슬로 된 진주이고자』 (백문사, 1996)
『영의 눈이 뜨일 때』 (한결, 2001)

◈ 시조집

『가을 꽃 여울 타고』 (토방, 1996)
『마음의 창을 열면』 (한결, 2000)
『기차여행 - 사계의 노래』 (새미, 2005)
『시조의 향기』 (새미, 2007)

◈ 에세이집

『풀은 마르고 꽃은 시드나』 (한결, 2001)
『당신의 인생도 업그레이드 해보라』 (국학자료원, 2006)
『선인들의 길에서 지혜를 배우다』 (새미, 2008)

# 마음의 풍경

**지은이** 이정자
**인쇄일** 초판1쇄 2008년 7월 12일
**발행일** 초판1쇄 2008년 7월 17일

**펴낸이** 정구형
**제 작** 박지연, 한미애
**디자인** 김나경, 김숙희, 노재영
**마케팅** 정찬용, 한창남
**관 리** 이은미, 박종일
**펴낸곳** 새미
**등록일** 2005.3.15. 제17-423호

서울시 강동구 성내동 447-11 현영빌딩 2층
**Tel** 442-4623,4,6 **Fax** 442-4625

www.kookhak.co.kr
kookhak2001@hanmail.net

ISBN 978-89-5628-295-4 *03800
가 격 8,000원


새미는 국학자료원의 자회사입니다.